송전탑 이슬

b판시선 77

지창영 시집

송전탑 이슬

도서출판 b

| 시인의 말 |

송전탑,
치명적 위험을 안고
유배지에서 비바람 맞으며
세상에 말없이 빛과 온기를 전한다
차가움과 따뜻함이 공존하고
해로움과 이로움이 공존하는
그 이중적 존재

| 차 례 |

| 시인의 말 |　　　　　　　　　　5

　　　　　　　　　　제1부 거미의 도시

모래시계　　　　　　　　　12
해바라기　　　　　　　　　14
매미의 허공　　　　　　　　16
징검돌을 건너며　　　　　　18
소울에게　　　　　　　　　20
을왕리, 밤 아홉 시　　　　　22
점화　　　　　　　　　　　24
엄마의 철심　　　　　　　　25
산소에서　　　　　　　　　26
거미의 도시　　　　　　　　28
오래된 단풍잎　　　　　　　30
무인 점포에서　　　　　　　32
통증 접속　　　　　　　　　34

제2부 플라스틱 눈물

초심	36
새의 혀	38
거대한 바둑판	40
자유공원의 꽃	42
DMZ 데칼코마니	44
봉화산 해맞이	46
스타벅스에서	48
한반도 해 오름	49
하얀 밤	52
초록 점령군	54
플라스틱 눈물	56
물을 찾아서	59
2025년 오월	60
피아골에서	62

제3부 촛불을 밝히며

현수막을 달며	66
세모가 네모를 분류하다	67
네모난 지구에서	70
꼬리 자르기	72
4월의 행진	74
별들의 노래	76
별과 별 사이	78
잔상	81
행성들의 조우	82
긁음에 대하여	84
달빛 미스터리	86
촛불을 밝히며	88
기린	90
애상	91
보자기	92

제4부 송전탑 이슬

다시 만년필을 뽑으며	94
광화문의 별	96
너를 보며 나를 묶는다	98
송전탑 농성	100
송전탑 안부	102
봄의 신무기	104
운현궁에서	106
아파트 전쟁	108
풍계리 폭음	109
불타는 태백산맥	112
단풍 남침	114
남의 세상에서	116
송전탑 이슬	117
|해설| 이병국	121

제1부

거미의 도시

모래시계

시간의 알갱이들이 공간을 가른다
소리 없이 흘러내리는 모래알
압축된 우주가 블랙홀을 왕복한다

선사의 바닷가에 부서져 내리던 고독한 빛
끊어진 유전자 정보들이
바람도 없는 사막을 창조한다

심해의 양수가 증발한 사막에는
입김이 배어들지 못해
오랜 잠결에 조각난 기억들만 유영한다

압축이 풀리며 바람의 씨앗이 눈을 뜨면
바다에 부는 사막의 폭풍
양수가 터지고 시간의 알이 깨어나
다시 붉게 일렁이며 침전하는 산맥

풍화하는 나의 분골은

어느 시계 속 입자로 흘러내릴까

해바라기

당신과 나 사이에는 늘 바람이 불었어요
때로는 비가 왔지요
먹구름 속에서도 흔들리며 자랐어요
어쩌면 너무 먼 곳을 바라보는지도 몰라
어둠 속에서 그만 고개를 꺾을 때도 있었지요

바다에서는 아직도 파도가 일렁이고 있어요
출렁임이 뿌리를 타고 전해올 때면 멀미가 나서
그만 주저앉고 싶어져요
하늘의 좌표를 좇던 레이더는
초점을 잃고 날개를 접지요

누군가는 기다림에 지쳐 쓰러졌다거니
누군가는 풀밭에 목을 떨구었다느니
소식이 들려올 때마다 그만 키를 낮출까 생각도 하죠
그럴 때는 또 다른 바람이 은밀히 암호를 전해 주고 지나가지요
바람에 숨겨진 양분이 그리도 많다는 것을 알지 못했어요

씨앗이 까맣게 여물 때까지……

부질없이 전송했던 메시지가 헛된 것만은 아니었던지
 흑점이 하나 둘 내려와 박히도록 당신을 우러러 닮아가고
있어요
 당신은 그렇게 멀리 있었던 것만은 아니군요
 당신이 없으면 나도 없어요

매미의 허공

창공을 날던 매미가 길바닥에 누웠다
집념의 불을 내뿜던 시절은 가고
풀숲에 숨겨 두고 까맣게 잊었던 제 껍질을 생각하며
천명을 기다린다

느티나무 아래서 흙장난하던 내 곁에는 늘 매미가 있었다

옹이 달린 가지로 불도저 놀이를 하던
네 살 적 나를 발견한 것은
아버지의 기억 속에서였다
풀짐 가득한 지게를 지고 어둑한 논길로 돌아오던 아버지는
내 기억 속에 존재한다
경계를 넘어간 아버지는 여전히 나를 기억하실까

매미는 몸을 뒤집고도 한동안 가만히 있다
땅속 전설의 세계가 도무지 기억나지 않는 모양이다

밀려갔다 밀려오는 기억의 파도 속에서
추억의 필름들이 교차하는데
어머니 복중에 있던 시절이 기억나지 않는다

방금 건너온 신호등 쪽을 돌아보니 내가 없다
한 걸음 한 걸음이 모두 기억 속으로 사라진다
삶은 죽은 내 기억 속에 존재하는 찰나
기억 속에 나를 밀어 넣고 나는 어디로 갔을까

매미가 솟아오른다
궤적이 지워진 허공에는 전파가 가득하고
화면은 잠시 지직거린다

징검돌을 건너며

징검돌을 펄쩍 건너뛸 때
시냇물이 순간 포착한
거꾸로 선 사내의 공중 부양

물 깊은 하늘에 느낌표를 찍는 머리
두 다리가 만드는 경쾌한 Y는, Yes

두 팔을 펼쳐 보아도 도무지 Yes가 되지 않던 시절
폭포에 머리를 부딪쳐 보기도 했지
세상을 뒤집고 싶었던 것 같아

돌 하나 건널 때마다 커지던 몸을
한동안 따라잡지 못할 때
꿈인 듯 아닌 듯 불면증은 커져만 갔지

팔매질한 돌들은 밤이 되면 별들로 가라앉아 있었어
돌다리를 건널 때면 그들과 거리를 두었지
중심을 잡아야 한다는 핑계로

그림자가 각인시켜 주었네
물밑에선 결심이 확고하다고
세상을 한바탕 뒤집을 것이라고

그날이 오기를,
부지런히 머리에 발을 이고 가라고

소울에게

너는 흰색 승용차로 나와 함께했지
너의 창은 나의 눈이었고
원하는 곳이면 어디든 데려다주었지

영암군 금정면 국도를 따라가다가
감나무에 끌려 길을 멈추었던 날
저만치 서 있던 네가 낯설었어
그렇게 그윽이 바라본 것은 처음이었지

나의 눈길이 부끄러웠던지
너는 억새 한 무더기 앞세우고
소피를 보는 여인처럼 다소곳했지

너와 나 사이에는 감나무가 있었고
파란 하늘을 찢는 가지마다
황색 별들은 한낮을 빛냈지

가을이면 그곳 풍경은 다시 볼 수 있겠지만

그날의 소울, 너는 없고
나는 검정 세단에 이리저리 끌려다녀

금정면 국도에는
다른 이가 또 머물다 가겠지
감나무 아래 자기 차를 세워 두고

을왕리, 밤 아홉 시

인공 눈물로 눈을 적시고 올려보는 하늘
별빛과 불빛이 구별되지 않는다
깜박깜박 이동하는 불빛들은 항공기일 게다
한 쌍은 오른쪽으로 또 한 별은 반대쪽으로

땅에서 한순간도 발을 뗄 수 없는 나에게
어둔 밤 저렇게 높이 나는 사람들은
그냥 별일 뿐이다
어쩌면 내 곁을 스쳐 갔을 수도 있는……

방파제를 때리는 바닷소리가
기타 선율을 삼켜도
까르르 웃음소리를 달고 치솟는 불꽃들은
제각기 정점에서 반짝반짝 터지고
낚싯줄에 목을 매단 야광찌는
물결에 흔들리면서도 틈틈이 별빛을 훔친다

렌즈를 통과한 별들이

망막을 모래알처럼 긁어 대는 밤
바닷물이 울컥 바위 턱까지 차오른다

점화

화장장 소각로에 불꽃이 인다
불꽃을 잠재우는 마지막 불꽃
분사구에서 화염을 뿜는 로켓이
하얀 얼음 소복을 떨치고 솟아오른다

친구의 관은 산처럼 무거웠다
장갑 낀 손에 하얀 눈발이 젖어 들고
걸음걸음 발바닥은 뿌리가 깊었다

조각배 위에서 몇 줌의 재를 뿌리고
거수경례로 하늘을 보면
천 근 등짐을 내려놓고 멀어지는 위성

눈물을 살라 불꽃을 내뿜으며
견고한 중력을 박차고 솟아
단숨에 대기권을 뚫는다
저녁 하늘에 별자리의 전설이 추가된다

엄마의 철심

화장한 어머니 유골 속에서
두 뼘이나 됨직한 철심이 열기를 뿜고 있었다
아하, 그랬지
요양원에서 넘어져 수술한 후
붙지 않는 어깨뼈를 이어 주던 쇠막대
돌아가신 후에야 몸에서 빠져나왔다
늘 괜찮다, 괜찮다밖에 모르던 어머니
괜찮지 않은 줄 알면서 아무것도 할 수 없었던 자식 대신
어깨를 붙들어 주었을 지렛대
임무를 다한 후에도 한동안 식을 줄 몰랐다
내 얼굴도 덩달아 뜨거워졌다

산소에서

우주선 앞에 커피 한 잔 올리고
조용히 안테나를 뽑는다

하늘은 파랗게 속도 깊어라
무덤을 닮은 침묵 한 점 하얗게 떠 있을 뿐

투명한 전파는 그물에 걸리지 않고
햇살은 순간 이동 하강하여
후광처럼 반원을 그린다

삽자루 내려놓고 엎드려 마시던 산골 물이 좋아
칠갑산 품에 안기신 아버지
그날, 황토 흙 이불은 결도 고왔다

끼니를 걸러 가며 일구셨던 산밭
젊은 땀은 가뿐히 우주로 날아가고
지난밤 꿈속의 암호는 해독이 어려워
귀뚜라미는 수풀 속에서 조난 신호를 타전한다

태양의 입자가 사진 속 미소를 재구성할 때
맴돌던 바람이 소나무 가지에서 내려와
암호 해독법을 귀띔해 준다

거미의 도시

아홉 가닥 거미줄이 최면을 건다
좌표를 찾아 이리저리 구르는 동안
안구는 건조해지고 핏발이 선다
거미줄을 사이에 두고 너와 나는 서로 표적이 된다
빨리 쫓고 빨리 숨고 빨리 쏘아야 살아남는다
심장을 찔린 여자는 고개를 떨군 채 흔들리며 순환선을 맴돌고
날개가 꺾인 남자는 얼굴을 덮은 채 계단 밑에서 코를 곤다
번쩍이는 광고판에는 탐스런 먹이들이 전시되고
팔과 다리를 거미줄에 걸어 두고 잠을 청하는 사람들은
거미가 되어 나비를 후리다가 화들짝 놀라 깨어나곤 한다
아침마다 날개를 펼쳐 수천 리를 날아도
저녁이면 다시 붙들려 와 제자리에서 버둥거리는 사람들
거미줄을 따라 먹잇감을 쫓다가
거미줄에 걸려 먹잇감이 된다

얼마나 많은 피를 수혈하면 쇠 그물에 온기가 돌아올까
널브러져 있는 **뼈**와 **뼈**가 다시 만나 살이 붙고 피가 돌고
마침내 이슬방울들을 보석처럼 매달고
빛나는 아침의 해를 불러올 수 있을까

오래된 단풍잎

잠자던 일기장을 깨운다

40년의 먼지를 닦아 내고
갈피를 넘길 때부터
바람은 수상했다

별일 없는 거지?

부서질 듯 마른 손바닥이
아무렇지도 않게 악수를 건넬 때
나는 취한 듯 붉어질 뿐

행간으로 흩어졌던 기억에
긴급 수혈을 한다

볼이 빨갛던 잎새 하나에
맹세도 많았던 시절

빈 페이지를 남긴 채
몇 차례 이사하고
나는 배교자가 되었지

탈색된 것은 나였어

너를 다시 만나고
나의 실종을 눈치챈다

무인 점포에서

부끄러워할 이유가 없다
눈치 보지 않고
플레이보이 콘돔을 선택할 수도 있다

익숙한 손길로 슬롯에 코인을 쑤셔 넣고
한 줌 욕망을 넘버로 찍으면
점지된 알을 낳는 둔탁한 소리

음부에 손을 집어넣다 말고
홀연 누이를 생각한다

구멍가게 누이는 늘 반겨 주었는데
할머니는 어떠시냐며 안부도 물었는데
때로는 오줌싸개라 놀리기도 하지만
엄마 심부름으로 산 수세미 위에
눈깔사탕 하나 살짝 얹어 주기도 했던

붉어진 얼굴 들지 못해

지그시 눈을 감으면
타임머신은 몇 세기를 지나쳐 왔는지
말하고 계산하는 기계들의 뉴월드

어둠은 세상을 짓누르는데
외계인 기지처럼 홀로 눈부신
자본주의 캠프

커피 캔 하나 집어 들고
차가운 유리문을 나서면
24시간 꺼지지 않는
성형 광고 모델의 사이보그 미소

눈웃음도 따뜻하던
구멍가게 누이는 어디로 갔나

통증 접속

퇴원 후 곰곰이 생각했다
그날 아무 이유도 없이 왜 넘어졌는지
발목은 왜 꺾였는지

꺼진 회로에 몰려든 과부하는
오래 잊고 있던 통증을 깨웠다

접속은 통증을 동반한다
아픔 없는 접속은 매트릭스의 허상
꿈에서 튕겨져 나와 비로소 알았다

가슴에 붙어 있던 노란 리본에 불이 켜졌다
너와 나도 통증의 연속이었다
신경이 이어질 때마다 움찔 놀라곤 했다

바닥을 짚은 손가락이 골절되거나
발목이 부어 목발을 짚으면서
그렇게 세상과 접속하는 것이다

제2부

플라스틱 눈물

초심

고향으로 달려가고 싶다

마스크를 벗어 던지고
산 공기를 실컷 들이켜
그날처럼 하얀 이를 드러내고
실성한 듯 웃고만 싶다

어릴 적 친구들
피라미 잡으며 첨벙대던 그 시냇물
꿈에서라도 보고만 싶다

손끝에서 발끝에서 튀어 오르던
보석 방울들 사이로
반짝이며 운행하던 우주의 기운

그 신성한 세례로
두뇌 속 바이러스를 씻어 내고
깡마른 몸으로 서로 부딪쳐 웃을 수 있는

그날이 다시 올 수 있을까

고향으로 가야겠다

어머니 아버지 잠들어 계신 칠갑산 자락
포근히 빛나는 구름은
예전처럼 나를 기다리고 있을까

새의 혀

작설차 한 잔에 그윽한 종소리 울린다
메마른 대지에 내리는 단비

참새처럼 짹짹거리던
날카로운 혀끝에 맴도는
향기로운 입맞춤이
수천 마디 말을 잠재운다

명상에 든 혀는 어느 전쟁터의
날카로운 창이었나
얼마나 많은 목숨들이 찔리고 잘리고
피 흘리며 멀어져갔나

무심코 휘둘렀던 혀의 칼날
불벼락으로 쏟아붓던 말의 총탄들
찢긴 꽃잎들 덕지덕지 붙어 얼룩진 혀가
차 한 잔에 말끔히 씻길 수 있을까

피 묻은 혀에 내리는 따스한 은총
불의 혀로 나를 태우고
묵언의 조각배로 감로수 강을 건너면
하늘과 땅 사이 은은하게 울리는 종소리

보드라운 입술을 적시며 한 모금
순해진 혀를 감돌며 한 모금
상처를 쓸어 새살이 돋기를
또 한 모금

쓰러진 몸들 핏줄이 더워지도록
멀어진 가슴들 마주하도록
한 잔 또 한 잔

창검이 부딪는 소리 잠자고
천지간 종소리 울려 퍼지도록
혀끝에서 살아오는 말 없는 말씀

거대한 바둑판*

게임은 끝났다
이제 계산해야 할 시간
흑과 백 집 수를 헤아려 보자

자주의 편에는
자립의 집, 자강의 집, 사상의 집,
위민의 집, 일심단결의 집, 혈맹의 집들이
빈틈없이 연결되어 대륙을 이루는데

제국의 편에는
지배의 집, 굴종의 집, 제재의 집,
장사꾼의 집, 분열의 집, 동맹의 집들이
구멍 숭숭 뚫린 채 너덜거리고 있구나

승부는 가려졌다
분할, 점령, 압살의 돌을 놓던
제국의 손이 불안에 떨고
승리를 장담하던 앵무새의 부리들이

하나둘 얼어붙는다

오십 개 별들이 흔들리고
성조기의 피 먹은 줄들이
삐뚤삐뚤 길을 잃고 엉킨다

세계가 숨죽여 보고 있다
패배자가
바둑돌을 조용히 내려놓을 것인지
아니면 판을 뒤엎을 것인지

---

* 미국 중심의 세계 패권 전략을 제시하고 있는 즈비그뉴 브레진스키의 저서 『거대한 체스판』에 대한 풍자.

자유공원의 꽃

외국인 장수 동상의
안부는 궁금하지 않다

신상을 떠받치는 육중한 받침대 아래
홀로 빛나는 토종 민들레
그 환한 얼굴에 눈을 맞춘다

4미터 기단 위에서 인천을 내려다보는
3미터 키의 미스터 더글러스는
월미도에 쏟아붓이던
네이팜탄 불꽃이 그리운 걸까

맥아더 눈높이는 칠천 밀리미터
민들레 높이는 구십 밀리미터

생명력은
영토의 크기에 비례하지 않는다며
80배 차이에도 주눅 들지 않는다

해맑은 얼굴로 우러르는 것은
표정 없는 전쟁의 신이 아니다
피 묻은 쇠붙이가 아니다

초토焦土에서도 죽지 않고
흙과 함께 숨 쉬며 살아온 세월

땅속 깊이 내린 뿌리의 힘으로
보도블록을 갈라 솟구쳐
마침내 피워 내는 승리의 웃음

먹구름을 평정한 눈동자에
신념 어린 시선을 맞추며
세기의 훈장으로 빛난다

DMZ 데칼코마니

하얀 도화지에
오색 물감이 뚝뚝 떨어진다

해당화 점점이 피를 토한 흔적들 사이로
푸른 멍울이 번져가고
찢어진 깃발들 뒤엉켜 쓰러진다

경계선을 넘지 못하는 반쪽 나라
뒤척이는 파도는 수평선에서 울부짖으며
입술이 터지도록 노을만 빨아들인다

녹슨 철모 뚫고 피어나는 민들레
구겨진 철마를 부여잡고 오르는 덩굴손
물구나무서 있는 지뢰 표지판
폭탄을 뿌리던 B29 날개 한 조각
헝클어진 머리칼을 쥐어뜯는 아낙의
핏발 선 눈동자 속에 불꽃이 터진다

이제는 접어야 할 때
남과 북 만남 속에
섞이고 터지는 색색의 응어리들
화산이 폭발하고 파도가 밀려온다

도화지를 펼치면 새로 열리는 빛
경계를 넘어 펼쳐지는 무지개
철조망을 뒤덮은 오색나비 떼

주작이 커다란 날개를 펴고
불덩이를 뚝뚝 떨어뜨리며
태양을 향해 훨훨 날아오른다

봉화산 해맞이

침몰했던 불덩이가 다시 솟는다
봉우리와 봉우리 부푼 젖가슴 사이로
수풀을 둥지 삼아 뜨겁게 깨어나는 천지의 알

봉홧불 타오르던 고지에 아침이 밝는다
회오리로 올랐던 연기는 한 점 구름으로 옛일을 추억하고

12월의 끝자락에서 달력을 넘기지 못하고
온몸에 불을 붙인 채
서울역 고가에서 뛰어내린 청년이
황금알로 다시 태어난다

거리마다 밤벌레 스멀스멀 기어다니는 도시를 등지고
어둑새벽 후들거리는 다리를 끌고 봉화산을 오른다
오솔길 따라 줄줄이 각자의 외투 속에
그렇게 많은 불덩이가 숨어 있을 줄은 미처 몰랐다

환호하는 손마다 새날을 그리는 액정 화면들

광케이블을 타고 뒷골목까지 번져가는 불씨
잠에서 깨어난 동공에서 폭발하는 광염

신화 속에서 헤매던 전사들이
파편이 박힌 가슴을 열어 맞불을 놓으며
알 껍질을 깨고 부활한다

스타벅스에서

카를 파킹할 필요 없어요
드라이브스루로 패스하면서
자스민에게 포레스트 콜드브루를 오더하고
액셀러레이터를 살짝 푸시해 지나가면
써니가 매직처럼 비버리지를 건네죠
애플리케이션을 인스톨하면
페이스 투 페이스 오더도 가능해요
마이 페이버릿이 내 테이스트를 기억해 주고
결제는 쉐이크 투 페이로
헤이, 당신
앞만 보고 그냥 지나가세요
바쁘시잖아요
8차선 하이웨이 레이싱 대열로 조인해야죠

스위트한 시스템에 길들어 가는
커스터머의 뒷모습을
세이렌이 야릇한 미소로 지켜보고 있다

한반도 해 오름

해가 오른다
하늘과 땅을 가르며
붉은 알이 솟아오른다

신미년 용사들 함성이 잠들어 있는
강화도 광성보에도
갑오년 뜨거운 심장으로 돌진하던
공주 우금치에도
기미년 독립 만세 우렁차던
천안 아우내장터에도
외세의 칼금 녹슬어 가는
휴전선 철조망 위에도

못다 한 불꽃 다시 일으켜 보자고
밝은 세상 다시 한번 열어 보자고
어둠의 껍질 벗겨 서광이 비친다

봉분 없는 유골들 품어 안고

찬 이슬 묵묵히 견뎌낸 산맥이
근육질 당당한 자태를 드러내고
개벽의 유훈을 품고
숨죽여 계곡을 타던 물줄기가
강물을 이루어 도도히 흐른다

해가 오른다
죄 없이 침몰한 눈동자들 수만큼
밤하늘 총총히 빛나던 별들이
천지의 알에 불을 붙였다
하늘 한복판을 좌표로 정하고
점점 뜨겁게 끓어오르는 핵융합으로
카오스의 세상을 평정한다

이날을 위해
그 많은 피가 땅속으로 흘러들었던가
그 많은 눈물이 뿌리로 스며들었던가
잠에서 깨어날 날 기다려

그 많은 씨눈은 생명의 끈을 붙들고
한 많은 세월을 헤쳐 왔던가

반도의 아들딸들이 해를 맞는다
백두 한라 손잡고 철조망을 녹이고
다시는 꺼지지 않을 등불을 높이 올리자고
해방의 날보다 뜨겁게 만세 부른다

태곳적 조선을 열어젖히던 기세로
평화 열차 출발하는 대륙의 시작점을 선언하자고
푸른 하늘 출렁이는 해양의 출발점을 알리자고
팔천만 씨ᄋᆞᆯ들 하늘을 우러러 해맞이한다

하얀 밤

마주 보고 포개져 있는
책과 공책의 수상한 체위

저렇게 깊은 밤을 보내고도
하늘과 땅 사이에는
잉크 한 방울 흔적도 없다

흥건한 먹물을 빨아들여
시 한 편 배고 싶은 백지의 꿈은
날이 밝도록 황량한 불임의 땅

봇물 가득한 활자들을
왈칵 쏟아붓지 못한 것은
밤새 눈을 부릅뜨고 있던
형광등 탓이었을 게다

이제는 스위치를 꺼야 할 때
대지의 페이지에 스며드는

빛의 서사시를 받아써야 할 때

초록 점령군

책을 덮고 창을 열어라

고난의 뿌리에서 행군을 마치고
마침내 터져 나오는 푸른 함성들
계절이 낯선 풍경을 펼친다

숱한 나무들을 날카롭게 뜯어먹고
말만 무성한 법전은 폐기돼야 한다
햇살을 받들어 일제히 빛나는
저 잎들이 전개하는 새로운 질서

켜켜이 굳어 동맥을 막는
표정 없는 지폐 더미를 불태워라
보란 듯이 수림을 뻗쳐 올린 대지는
오직 땀방울만 요구한다

진리는 활자의 제재를 벗어나
꽃으로 잎으로

벌써 피어나고 있는데

어서 책장을 덮어라
문을 박차고 나와
낯선 세상을 둘러보라

플라스틱 눈물

언제부턴가 눈물이 싱거워요

투발루*는 나라가 통째로 잠겨 간대요
해수면이 야자수 머리까지 차오르면
플라스틱 잔해들만 둥둥 떠서
구원을 받고 영생하겠지요

세계를 점령한 위대한 플라스틱은
빙하를 녹이는 힘을 가졌대요

섬나라 농장에 바닷물이 침투하여
플루아카** 뿌리가 썩어 들어가자
플라스틱이 단숨에 점령했지요
자급자족은 이내 전설이 되어버렸어요

플라스틱, 그 맛을 알아요

조상 대대로 나서 자라고 묻히던 땅

두엄이 썩어 비료가 되듯
모든 것이 발효되어 밑거름으로 순환하는 땅에
달콤한 초콜릿을 품고 점령군으로 들어와
여기저기 알박기하더니
아예 눌러앉아 주인 행세하는 제국주의의 포장지

그 유혹에 인류는 일찍이 순응하고 말았죠
그 위세에 맞서 저항하기를 이미 포기했죠
포로가 되어서도 헤어나지 못하는
그 몽롱한 편의주의 처방

기억을 위해
투발루를 디지털로 옮긴다고 해요
하지만 눈물이 짠 사람은
디지털 나라에서 살 수 없어요

플라스틱이 태평양을 점령하고
서서히 혈관으로 흘러들고 있어요

눈물이 자꾸만 굳어 가요

이제 우리도 구원받게 되는 건가요?

* 투발루: 해수면 상승으로 사라질 위기에 처한 태평양의 작은 섬나라.
** 플루아카: 투발루 사람들이 수백 년간 주식으로 재배해 온 식물.

물을 찾아서

물이 어떤 모양이냐는 질문은 필요 없다
네 앞의 나무를 보아라
고층 아파트도 결국 물이다
한강을 건너는 전철 속에서
졸고 있는 사람의 머리에도 흐르는 물
목이 말라 물속에서 물을 찾는다
물을 만나게 해 달라고 기도한다
네거리에 몰려드는 색색의 물결들
제각기 파도치는 마중물을 안고 **빠르게 이동한다**
봉인을 함부로 떼서는 안 된다고
간혹 숨어서 흘리는 물도 있기는 하다

2025년 오월

일제히 치솟는 잎들의 함성으로
하늘이 유난히 푸릅니다

한 장 한 장 기억을 담은 이파리들이
저렇게나 많은 줄 몰랐습니다

겨울밤 국회의사당 막힌 문을 열어젖히고
영하 7도에 남태령 막힌 길을 뚫었습니다

광장에서 거리에서
파랗게 빨갛게 빛을 뿌리며
허공을 또렷하게 움켜쥐었습니다

봄이 되면 울컥이는 목질부
매장된 젊음을 다독이던 실뿌리의 떨림이
어제와 다른 바람을 일으킵니다

피를 흘리면서도 서로 기대고 덮어 주며

트럭을 몰아 거리를 질주하던 그날처럼
거리마다 푸른 잎들이 손을 흔듭니다

이름을 찾지 못한 백골을 어루만지며
죽어간 청춘을 가슴에 품은 산과 들

총알 대신 밀어 올리는 꽃들은
아파도 웃고 있습니다

피아골에서

들풀도 밤새 울었구나

새벽 신명神明에 지펴
길을 나서면
소리 없이 발목을 휘감는 눈물들

한 서린 가슴 서러워
밤안개 휘장에 숨어 흐느끼다가
젖은 눈으로 맞이하는 여명

풀 한 포기 젖히면
전쟁의 상처가 배어 있는 황토

광풍에 목 떨군 자식이 서러워
단풍도 유난히 붉은 골짜기

아침을 맞지 못한 이들 서러워
피맺힌 잎새 하나 둘

떨어져 눕는다

제3부

촛불을 밝히며

현수막을 달며

바람에 머리칼이 흩날릴 때
깃발은 바다를 향해 손짓했다

윙윙 우는 나뭇가지 사이로
빗줄기 몇 차례 뿌리고
하늘은 이내 울음을 그쳤다

젖어도 무너지지 않는 가로수
사다리 위에 까치발을 딛고
나일론 끈을 단단히 조인다

그리움이 노랗게 펄럭인다
잊지 않을게

세모가 네모를 분류하다

날 선 것들은 분류를 즐긴다
뾰족한 부리로 쪼아대면서
내 편이 아니면 모두 적이라 한다

세모가 네모를 분류한다
다름을 용납하지 못하는 날카로운 각도에
네모가 설 자리는 없었다

세 꼭짓점의 삼각 동맹은
날카로운 모서리로 네모를 찔러댔다
세모의 안경에 네모는 언제나 반역자였다

세모가 독을 품은 것은 선 때문이었다
지도 위에 자를 대고 칼금으로 이쪽 저쪽을 나누자
산맥이 퍼렇게 멍들고 강물이 붉게 물들었다

머리와 몸통, 팔다리가
폭음에 놀라 뿔뿔이 흩어졌고

뼈가 타고 살이 튀며 눈물과 피가 갈라져 흘렀다

제삼 지대를 용납하지 않는 금단의 선에서
쫓겨난 세모는 피투성이로 물구나무선 채
지뢰 표지판으로 철책선에 매달려 있다

세모가 도형을 분류한다
충혈된 독사 눈으로 지휘봉을 휘두르며
의심나면 다시 보고 수상하면 신고하란다

분류를 강요할 때마다 뱁새눈이 손가락질을 했고
세모가 아닌 이웃들은 날카로운 비명을 남기고
아이와 함께 구덩이에 묻혔다

녹슨 세모가 날을 세우고 달려들자
밀려난 동그라미가 바위 아래로 투신하고
네모는 끝내 해산당하고 말았다

사각형과 삼각형이 어우러져
밝은 원을 이고 살던 태초의 도형은
십자가에 처형되었다는 전설 같은 이야기를 읽는 밤

마른 뼈 골짜기에서 촛불을 켜고 별을 지킨다
이 뼈 저 뼈가 일어나 서로 손 잡으며
새살이 돋고 붉은 피가 돌 때까지……

네모난 지구에서

각진 의자에 앉아 법관들은 진보당의 강제 해산을 판결했다

사각을 벗어난 공은 여지없이 끌려 들어와 이리 차이고 저리 차였다 임의로 그어진 금기의 선을 넘는 즉시 호루라기가 울리고 경비병은 달려와 발길질하며 감옥으로 밀어 넣었다 게임이 끝나고 득표수가 계산되면 환호와 한숨이 교차하고 공은 불 꺼진 경기장에서 홀로 비를 맞았다

침몰한 여객선에 관한 보고서는 젖어 있지 않았고 죽음은 까맣게 숫자로 기록되어 있었다 메마른 종이 위에는 모래바람만 일었다 둥근 렌즈를 통과한 빛이 네모로 인화될 때 가슴을 치며 주저앉던 어머니의 충혈된 눈동자는 화면의 모서리 밖으로 밀려났다 조명탄 서너 개 가물거리며 검은 바다로 추락하던 밤 가상드라마에서는 '사상 최대의 구조작전'이 전개됐으나 날이 밝자 화면은 거품처럼 꺼져버렸다

자식 잃은 어미가 도화선이 타들어 가는 심장을 꺼내

보이자 각진 모서리에 시퍼렇게 날이 섰다 "가만히 있어, 심장은 뇌관을 제거하고 캐비닛에 잘 보관해 둬야지!" 사건을 조사하는 회의장에서 젖은 목소리는 끝내 퇴장당하고 사각의 책상머리에서 보고서는 졸고 있었다

  네도난 지구에서 이리저리 차이던 공이 마침내 바위 아래로 투신하려 할 때 해산당한 모래 알갱이들이 물기를 머금고 서로 기대어 언덕이 되었다 광장을 메운 눈동자마다 레드카드의 불꽃이 타오르자 사각의 운동장은 줌 아웃으로 멀어지고 푸른 지구가 자전한다

꼬리 자르기

혜성이 꼬리를 끌며 나타나자
세상은 어둠 속에서 수런거렸다
수없이 떨어져 나가는 얼음과 먼지들은
멀리서 제법 화려해 보였다

꿈틀거리는 도마뱀 꼬리에 눈길이 머무는 사이
몸통은 겅중겅중 수풀 속으로 사라져 갔다
잘린 꼬리의 단면에
석양이 떨군 붉은 물감이 어렸다

충혈된 눈 속으로 카메라 플래시가
화살처럼 파고드는 기자 회견장
바람이 세포를 파고들어
눈 밑 근육이 파르르 떨렸다

잘리고 나서야 꼬리인 줄 알았다
소금에 절여지는 쓰라림을 안고
더러는 세상을 떠나기도 했다

매실 밭에서, 산자락에서, 승용차 안에서……

눈물방울이 찍힌 유서에는
또 다른 이름들이 꼬리를 물고
아직 붙어 있는 꼬리들은 몸을 사린다

근사하게 보이던 혜성이
점점 공포로 다가오는 호러 영화 속에서
몸통을 쫓는 꼬리들이
제각기 없는 주먹을 움켜쥔다

4월의 행진

바람의 손길이 노란 리본을 쓰다듬는다.

자식의 영정을 앞세운 길 없는 길 낯설어
봄-여름-가을-겨울 또다시 봄

꽃봉오리 뚝뚝 떨어진 자리
황톳빛 상처를 폭우가 쓸고 지나가면
멍든 잎새들도 우수수 쏟아지고
뚫린 가슴을 칼바람이 후빈다

손톱이 빠지도록 긁어도 뚫리지 않던 선실 벽처럼
심장을 꺼내 북을 쳐도 열리지 않는 진실의 문
커져만 가는 물음표는 인양을 기다리는데

꿈결에서 다녀간 듯 어렴풋한 신기루
사진을 껴안으며 올려보는 하늘엔
불타는 눈이 황도黃道를 비행하고

가슴에 매단 리본이 흔들리며 전하는 암호
마그마와 교신하는 꽃씨들의 도화선이
발화점을 향해 타들어 간다고……

발길 닿는 곳마다 노오란 응원의 물결
천지에 꽃이 만발하는
내일이면 다시 피어날 거야
미안하다 한 걸음 사랑한다 또 한 걸음

장총 속에 압축된 불꽃을 숨기고
독립군 설산雪山을 행군하듯
봄을 찾아온 나라가 행진, 행진한다

별들의 노래

잠 못 드는 별들은 이 밤도 바다로 투신하네
멍든 하늘이 쏟아져 물살도 흐느끼는

그저 소풍을 왔을 뿐이야
세월이 뒤집혀도 가만히 있으라 그랬어
이젠 알지, 가만히 있는 것은 곧 죽음이라는 것을
검푸른 물결이 밤마다 몸부림치다 부서져도
뉴스는 불감증에서 헤어나지 못해
홀로 탈출한 선장은 세상이 잠들기를 기다리지

하늘로 돌아간 별들은 향도嚮導가 되었네
여럿이면서 하나로
태양을 옹위擁衛하는 불멸의 빛

바람의 아우성은 바리케이드에 막히고
일렁이던 도시가 최면에 빠지면
혼불들이 다시 바다로 뛰어들지

스스로 태우는 법을 알게 해 준
그날은 특별한 수학여행이었어

지상에 촛불이 출렁일 때
천궁天宮의 별들도 흔들리네

이제 가만있지 않을 거야
해를 먹고 이글거리는 주작朱雀이 아침을 몰고 와
어둠의 입자들을 모조리 태울 때까지
하늘을 가리던 검은 손들에 빨갛게 불이 붙고
우주를 꿰뚫는 광선검에 눈이 번쩍 뜨일 때까지

별과 별 사이

알파 별이 오메가 별에게 신호를 보낸다
아득한 별 밭 속 깜박이는 한 점은 응답 신호일까
먹빛 하늘을 할퀴던 별똥별은 무슨 메시지일까

별이 되어 떠난 아이들은
몇 광년을 달려야 다시 만날 수 있을까
빛보다 빠른 속도로 지구를 천 바퀴 돌면
안아 볼 수 있을까, 한 번만이라도

웜홀을 통과하여 우주 건너편으로 가
초롱초롱 잠들지 않는 눈망울들
너희는 반짝이는 보석이었지

영정 사진을 어루만지면 눈가에 보석이 맺혀
꿈에서라도 얼굴을 쓰다듬어 줄 수 있을까
별을 쥐고 잠을 청하는 밤

단식으로 뼈와 살을 태워도 보고

삼보일배로 지구를 돌아보아도
진실은 저 너머에……*
잡힐 듯 잡히지 않는 빛인가

우주 공간으로 수학여행을 떠난 너희에게
우리가 사는 것은 한순간 반짝이는 이슬
하루를 천 년같이 천 년을 하루같이

지상의 별들이 스친다
광화문에서 팽목항에서
잠들지 않는 별들이 은하수를 이루어 행진하며
우주를 유영하는 세월호에게 메시지를 타전한다

제1막을 마감하는 장막처럼 눈꺼풀이 덮이고
떨리는 속눈썹 풀잎에 이슬이 마르면
또 다른 세상 눈이 뜨이고
눈동자처럼 까만 심연에서
파랗게 빛나는 별들이 달려온다

* "The Truth Is Out There": 미국 드라마 〈The X-Files〉에서 주인공 멀더가 별을 바라보면서 했던 대사. 멀더는 실종된 자신의 여동생이 우주 공간 어디엔가 살아 있다고 믿는다.

잔상

사진 속에서 웃고 있는 얼굴은 분명 나다
나와 악수하고 있는 사람은 떠나고 없다

그날의 미소는 햇살만큼이나 눈부셨다
하천가에는 버드나무 물오르고
맞아, 우리는 버들피리 얘기를 나누었지
옛날은 소중하다고 맞장구치면서

추억을 얘기하던 시간은 다시 과거가 되고
필름을 되돌려 보는 배우는 조금 더 늙었다

거리를 걸으면 한때 나였던 사람들의 그림자

죽은 나의 회고록 속에서
나는 오늘을 산다

행성들의 조우

마지막 출항한 여객기가
하늘의 한 점으로 빛날 때
아파트 방음벽 아래
산책길로 두 남녀가 스쳐 간다

빨간 립스틱 타오르는 청춘의 별을
그림자 앞세운 러닝화가 따라가고
희끗한 머리칼 날리는 중년의 별을
책 든 그림자가 뒤따른다

8차선 도로에 은하수가 흘러간다
빨갛게 파랗게 점멸하는 별들 아래
가끔은 불꽃이 튀며 폭발하는 우주
급브레이크는 꼬리를 남긴다

바알갛게 익은 유성이 눈동자 속으로 빨려들 때
나는 왜 지평선단 바라보고 지나쳐 왔던가
지구 반원의 황금빛 원호를

머리 위에 얹고 발그레 웃던 그녀

허공에 남겨진 향수에 취해 고개를 돌리면
나풀거리는 머리칼을 끌며 멀어지는 혜성
은빛 머리띠가 초승달로 빛난다

지는 해는 떠오르는 별이 고맙다
빨간 입술 사이로 가지런히 빛나는
상앗빛 이의 대열이 믿음직해
하나의 행성이 죽어도
우주는 운행을 멈추지 않을 것이다

스쳐 간 인연들이 원소로 가득한 공간
증가도 없고 감소도 없는 우주의 오솔길로
주름살 깊은 저녁 해가 서재를 찾아 걸어가고
볼우물 깊은 샛별이 이륙장으로 달려간다

긁음에 대하여

한밤의 천체 사진을 본 사람은 안다

우리가 잠든 사이
얼마나 많은 별이 어둠을 긁고 있었는지
먹빛 도화지에 제각기 원호를 그리며
필사적으로 손톱자국을 남기고 침몰해 갔는지

흔들리는 술잔 속 별들을 마셔버린 그 밤
별똥별이 훑고 지나간 위벽이
빠알간 석류처럼 터질 듯 쓰리다

너무 일찍 닻을 내린 여객선은 모로 누워 잠들고
자궁을 빠져나오지 못한 아이들은
선실 벽을 얼마나 긁어 댔을까
하트를 그리던 손가락이 골절되도록

풍화하는 뇌의 골짜기에서
바람이 모래언덕을 긁으며 울부짖는다

날 선 입자에 긁힌 눈자위
실핏줄이 툭툭 터져 여명이 비낀 강물 흐르고
담쟁이들은 벽을 긁으며 하늘로 손을 뻗는다

달빛 미스터리

야수의 이빨 같은 철창 안에
동지의 눈빛을 묻고 돌아온 날도
달빛은 천연덕스럽게 도시를 비춘다

빌딩 숲 스카이라인이
주식 시장 그래프처럼 오르내려도
속 깊은 술잔은
갈증을 달래지 못한다

디지털 신호를 머금고
질서정연하게 깜박이는 아파트 창들이
그윽한 별들의 세계를 차단하고
부동의 가로등이 쏟아내는 감시의 눈초리는
고문처럼 잠을 허락하지 않는다

키 재기 하는 빌딩들을 구겨 담고
꽃바람에 흔들리는 잔가지를 띄워
잔을 기울여도 기울여도

기울지 않는 달은
잔을 채우고 나를 채운다

몇 방울 피를
철근과 콘크리트로 덮어 숨기고
천연스레 발돋움하는
마른 뼈들의 골짜기

꽃 입술 속삭이는 바람결이 거슬려
빈 잔을 던져 버리고 바다로 내달리면
달빛은 파도 속에서
왜 그리도 속절없이 부서지고 있는지

촛불을 밝히며

대낮 같던 도시 불빛이 일찍 꺼지고
비대면의 밤은
나를 대면하는 시간

티브이를 끄고
원격 조정기를 멀찍이 밀쳐 둔다

내가 손쉽게 타인이었던
타인이 함부로 나였던
각본의 시대는 꺼지고
제1막이 닫힌 화면 속에는
영혼처럼 춤추는 불꽃

폭발하던 태양을 잠재우고
일상의 산소를 마시며 타오르는 삶은
스포트라이트보다 밝다

오렌지빛 시간 여행자가

흔들리는 기억 속에서
건너온 강의 수를
가만히 헤아려 본다

아우라의 미립자들이
아물아물 승천하는 길 따라
두고 온 별들이 손짓한다
도시가 어두울수록 빛나는
네트워크의 눈동자들

우리는 새롭게 만날 것이다
내일은 다시 밝아 올 것이다

기린

과묵한 머리가 구름 위로 솟아오르고
잠에서 깨어난 초원이 서둘러 옷을 입는다

느린 보폭으로 발은 언제나 땅을 딛고서
구슬 같은 눈 속에 푸른 지구를 새긴다

먹고 먹히는 정글 속에서도
침략할 줄 모르는 초식성 동물
거대한 몸통에는 필시
인내의 진액이 가득 차 있으리라

하늘 가까이 상상의 잎새들을 먹고
태양의 운행에 안테나를 맞추며
순한 미소로 새 세상을 응시한다

애상 哀想

관목 위의 잔설은
고향이 그리운지
시나브로 구름을 닮아간다

이슬 몇 방울 남기고
북두성으로 돌아가겠지
시린 계절 다하고 나면

햇볕 따수운 날 문득,
올려보는 하늘에 눈부실
당신의 하얀 미소

보자기

허튼 꿈은 꾸지 않는다.

황금을 숨기고도 뽐내지 않고
옥새를 품고도 자만하지 않았다

언제라도 몸 접고
장롱 한편에 근신할 수 있는
무욕無慾의 나래

인연의 매듭 풀고 나면
제 갈 길 따라 떠나고
빈손으로 남은들 어떠랴

고구마 한 보따리의 정과
옛 선비의 묵향 되새기며
난초 한 포기 벗하면 그만인 것을

제4부

송전탑 이슬

다시 만년필을 뽑으며

오래 녹슬고 있었다

아늑한 주머니 속
무뎌진 촉은
화학성 향기에 취해
장식품으로 만족하고 있었다

희멀건 술을 마시고
의미 없는 언어만 나열하는 동안
혈전血栓이 쌓이고 모세관이 막혀
잉크는 흐름을 멈추었다

직무 유기 중이던 파수병을 깨워
더운 피를 수혈한다
그날의 혈전血戰을 이어 가자던
날 선 다짐을 다시 주입한다

죽창이 되고

탄환이 되고
대륙 간 탄도 미사일이 되어
끝내 승리할 역사를 위하여

심장에서 꺼낸 창끝에
반짝 별이 뜨고
단숨에 후리는 지면에
붉은 강이 흐른다

광화문의 별

새벽 네 시가 지나도록
잠들지 않는 창 너머
서늘한 바람이 속삭인다
그곳을 지나쳐 온 바람일 게다
항쟁의 불씨를 일으키던 곳
마침내 촛불들이 파도치던 곳
그 불씨를 간직하고 지새는
파수꾼의 자리
이따금 적막을 가르며
유성처럼 지나는 불빛들이
고단한 조국을 일깨워 주고
독립을 고집하는 가로수 호위병들이
부동의 그림자로 보초를 서는 곳
구호를 힘차게 외치던 광장의 기억을
전사의 소총처럼 살포시 내려놓고
페이스북에서, 유튜브에서
따뜻이 속정을 나누며
원격으로 교환하는 눈빛들

연대의 그물로 새벽을 몰아오는 시간
반도의 공기가 훈훈해진다
이 밤에도 광화문에는 동지가 있기에
빛나는 별이 거기 있기에

너를 보며 나를 묶는다

평화의 소녀상을 철거하라고
맹렬하게 부르짖는 야수들 앞에
맨손으로 맞서는 소녀들이
제 몸을 묶어 소녀상에 연결한다

아수라장 속에서
현수막을 찢어 급히 만든 애국의 끈
탯줄로 연결된 동상과 소녀들의
다부진 얼굴이 서로 닮아 있다

다시는 우리 역사를 빼앗길 수 없다며
고사리였던 손으로, 아직 여린 그 손으로
허리에 질끈 두른 역사의 동아줄
매듭을 짓고 또 짓는다

나라를 빼앗겨 아무도 지켜 줄 수 없었던
피눈물의 날들은 아직 청산되지 않았던가

욱일기를 숭상하며 소녀상을 에워싸고
뱀처럼 날름거리는 혓바닥으로
희롱하고 조롱하고 위협하는 좀비들

독립은 아직 오지 않았다
군국주의는 이 땅에서 물러가지 않았다
제국주의와의 싸움은 다시 시작이다

한 치의 주저함도 없이 돌바닥에 바로 앉아
망부석이 된 고운 전사들을 보며
화들짝 깨어나 밧줄을 찾는다
역사의 기둥에 나를 붙들어 맬 강철 끈을 찾는다

송전탑 농성

눈발이 후비는 어깨뼈 아래
심장처럼 일렁이는 횃불을 품고
부동의 밤을 지킨다

혈서 같은 현수막의 긴급 신호에
바람이 칼춤을 추며 울부짖는다

해고자 복직
노동 인권 보장

붉은 쇳물 펄펄 끓던 노동의 기억들이
까만 하늘 가득 반짝이는 파편들로 쏟아지고
아빠, 힘내세요
응원하는 아이의 편지는
암호처럼 전선을 타고 흐른다

지구를 태워도 좋을 불꽃을 감추고
팽팽한 고압 전선이 씽씽 울면

서릿발 딛고 선 마른 뼈가 후끈 달아오른다

세상이 잠들어도 꼿꼿이 버티는 파수병
동녘에 들불을 놓아 천지가 붉게 타는
새 아침이 눈뜰 때까지……

송전탑 안부

동이 터 오는데
모두 안녕하신가
간밤의 칠흑 속을 함께 유영하다가
손을 놓치고 차마 부르지 못해 삼키던 이름들이
희미한 능선 그림자로 어른거리는데……

아직 살아 있는가
소리 없이 맞잡은 연대의 전선에
어느덧 이슬이 방울방울 맺히고
떨어질 듯 아침은 빛나는데
십자 포화 불을 뿜던 그 밤을 기억하는지
찬바람에 몸서리치는 장끼 한 마리

모두 살아남았는가
목이 터지도록 불러도
돌아오지 않던 이름들
어둠 속에 뿌렸던 피가
일제히 일어서는 동녘 하늘

산마루에는 빛줄기가
번득이는 칼처럼 날을 세우는데

동지여 우리 함께 살아 있는가
막걸리 한 사발 들이키자던 그날처럼
흰 이를 드러내며 껄껄 웃고 있는가
하늘에 좌표를 정한 북극성이
적토마를 몰아 새벽을 불러오는데……

봄의 신무기

설정된 고도에 이르러 뇌관이 터지면
다종화된 탄두들이 빛을 뿜는다

캠프 험프리스 담장을 따라
개나리가 와다닥 달리고 나면
기지 상공에 펼쳐지는 햇살
산에서는 진달래가 불을 뿜는다

전의를 상실하고 하늘을 우러르도록
심장을 울리는 신무기가 잎을 펼치기까지
얼마나 많은 눈물을 먹어야 했는지
얼마나 많은 진화의 역사를 써야 했는지

숨겨 두었던 색깔들이
산마다 마을마다 터져 나오고
거리에는 점점 짙어 가는 잎새들의 행군

역사의 거름을 먹고 피어나는 수상한 나날들

꽃들의 통일 천하가 시작된다

운현궁에서

운현궁 뒤꼍 대나무들이 수런수런 얘기한다
우리는 죽창이 될 수 없었다고
그때 죽창이 됐어야 한다고

바람은 솔솔 불어오는데
지키지 못한 나라를 한탄하며
자꾸만 수런거린다

낭창낭창 휘어지는 신우대가 아니라
마디마디 우악스런 왕대가 됐어야 한다고
하늘을 찌르는 참대가 됐어야 한다고
피를 두려워하지 않는 죽창이 됐어야 한다고

외세에 문 걸어 닫고 두려워 떨 것이 아니라

사대문을 활짝 열어
죽창 들고 한양으로 진군해 오는
동학군을 맞이했어야 한다고

이제라도 그래야 한다고
외세 동맹 뒤에 숨을 것이 아니라
우리 민족에게 문을 열어야 산다고

아파트 전쟁

진달래 아파트가 철거된 자리를
힐스테이트와 캐슬이 점령했다
하늘을 가린 뉴 아파트먼트 그늘 아래서
사람들 얼굴엔 그림자가 짙어 가고
청년 세대는 아이 낳기를 포기한다
신세대는 맙소사보다 오마이갓에
고약한보다 퍼킹fucking에 더 익숙하다
산으로 간 진달래는 고난의 행군으로 계절을 버티며
봄마다 일제히 화력 훈련을 벌인다
그리운 사람들은 배낭을 메고 언덕을 오르며
잃어버린 미소를 훈련한다
닫혔던 철제 하늘이 활짝 열리는 날
일제히 터뜨릴 진달래 웃음을 연습한다

풍계리 폭음

그날의 폭음을 들었는가

2018년 5월 24일
조선민주주의인민공화국 함경북도 길주군 풍계리
핵 실험장을 한순간에 먼지로 날려 버리던
한 치의 망설임도 없던 폭발음

피와 땀과 눈물로 지은 견고한 탑을
제 손으로 무너뜨리는 그 희한한 풍경
핵무기를 없애기 위해 핵무기를 완성했다는
대범한 역설의 선언을 들었는가

1950년대 한반도를 융단 폭격하고
1960년대 베트남을 쑥대밭으로 만들고
2003년 이라크 인민들을 갈기갈기 찢어발기던
날강도 미제의 살인 폭격이 아니다

무너진 갱도

난분분히 날리는 파편들
핵시설은 이렇게 폭파해 버리자고
세계를 향해 날리는 평화의 선전 포고

무너져 내린 흙더미 속에서
질식하는 것은 제국주의
흩어지는 파편들과 더불어
억압과 약탈의 시대가 산산이 부서졌다

총창 위에 당당히 세운 자주
무력으로 평화를 일구는
누구도 올라서 보지 못한 예술의 경지

생명을 베지 않고
오로지 사악한 마음만 베는
활인 검법活人劍法이다

세상에서 가장 아름다운 파괴

설레는 심장의 두근거림 속에
아직도 그치지 않는 그날의 폭음

세계여, 핵무기는 모두 포기하잔다
인류여, 전쟁이 없는 새 세계로 가잔다
제국주의를 밟고 평화의 새날을 맞이하잔다

불타는 태백산맥

산들이 일제히 불꽃 축제를 벌인다

추가령 구조곡에서 발화된 단풍 전선이
금강산-설악산-오대산-태백산을 거쳐
파죽지세로 남하한다

한 많은 세월 숨죽여 온 뿌리들이
어둠을 더듬어 교신하던 암호 속에
저렇게 많은 화약이 장전되어 있었던가

포탄에 숨겨 간 마른 뼈들을
뿌리처럼 부여안고 벌겋게 토해내는
황토의 속울음

포대가 숨어 있던 능선 능선이
집중포화를 맞고 타오른다

태양이 불을 붙인 도화선

포성 없는 포화, 찢기지 않는 폭발로
불타는 산맥이 반도를 꽃피운다

단풍 남침

명백한 남침이다
백두산에서 발화된 단풍이
반도를 붉게 물들인다

통제할 수 없는 불꽃에
국방색을 고집하던 산맥도
울긋불긋 타오른다

2018년 평창 동계 올림픽
남북의 합창을 기억하는지
오대산 기슭에도 불꽃이 인다

경계를 넘어 보란 듯이 밀고 내려와
지리산을 지나 한라산까지 점령하고
일제히 흔드는 격변의 손들

붉은 배낭을 메고 산을 오르며
잘 왔다고, 반갑다고

연신 두 팔 벌려 환영하는 산사람들

봄이 오면 꽃들을 앞세워
한바탕 밀고 올라가자며
북침을 꿈꾼다

양키가 그어 놓은 금단의 선을
허락도 통보도 없이 사뿐히 넘어
아직도 실현하지 못한 해방의 나라
한 번도 경험하지 못한 통일 세상
우리가 과감히 열어젖히고

단풍 따라 남하하고
봄꽃 따라 북상하며
하나의 겨레 하나의 나라
하나의 대가족으로 살아 보잔다

남의 세상에서

해맞이하러 동쪽으로 달려가자
그들은 나를 북쪽으로 간다고
손가락질했다

남의 사람들은
북과 남밖에 모르는 모양이다

여명을 보고 만세를 부르자
북을 찬양한다고 했다

태양이 뜨면
북쪽에서 태양이 뜬다고 할까 싶다

나침반을 감옥에 넣고
판결봉 두드리면 그만인
남의 세상

송전탑 이슬

 산마루에 우뚝 선 거구의 사내가 씽씽 운다 산맥 깊이 뿌리를 박은 채 부동자세를 풀지 않는 독립군 파수병의 강철 의지로 동포의 가슴에 불을 밝힌다 에스겔 골짜기의 마른 뼈 무더기도 조직되면 철의 대오다

 인간 세상에 불을 전하고 비바람의 형벌에 시달리는 프로메테우스는 유배지에서도 원망 없이 본분을 다한다 수십만 볼트의 폭발력을 품고도 냉정의 이슬을 덮고 먼 하늘을 바라보며 능선에서 능선으로 불의 암호를 주고받는다 멀리 꺼지지 않는 도시의 불빛을 바라보며 가시지 않을 신생아실 인큐베이터의 온기를 생각하며

 세상이 잠들었을 때도 무릎 꿇지 않은 자세로 어둠을 버텨내고 골짜기에 바람 거세도 줄줄이 연대의 전선을 감아쥐고 팽팽히 견딘다 십자가를 지고 골고다 언덕을 오른 사나이가 팔 벌려 외치던 소리 없는 절규가 어둠을 가른다 매몰찬 바람의 채찍을 맞으며 고독한 밤을 홀로 지새울 때 밀려오는 고뇌는 산처럼 무거워도 한순간도 주저앉을

수 없다 빗방울들은 총탄처럼 허연 뼈 사이를 제멋대로 후비며 지나가고 때로는 폭설에 주리 틀린 소나무의 비명이 적막을 찢는다

산맥이 잠들고 들판이 숨죽여 이슬을 맞을 때 강물은 어둠 속에서 잠들지 못하고 검푸르게 일렁인다 씽씽 우는 심장의 떨림이 북으로 남으로 전해져도 먹빛 장막은 쉽게 걷히지 않고 어둠의 정수리에서는 물 먹은 별*들이 금방이라도 떨어질 듯 저마다 필사적으로 장막을 긁으며 원운동을 한다 야속하게도 별들이 그렇게 죽어간 다음에야 새벽이 온다

이슬에 젖은 파수병이 솟아오르는 태양을 가장 먼저 맞이하고 어둠을 털어내면 이슬방울들이 은빛 보석으로 반짝이며 우주의 세포가 깨어난다 모세가 느보산 위에서 바라보던 가나안이 신천지로 펼쳐지고 심봉사가 눈을 뜨면서 쾌청한 하늘이 새로 창조된다 태양이 천지에 황금빛 부챗살을 펼치면 마른 가지 끝에서 불새들이 머리를 들고

날개를 펼친다

 이리저리 날아다니며 새날이 왔다고 호외를 뿌리는 새들의 아우성에 푸른 산맥은 청룡의 비늘을 반짝이며 용틀임한다 죽은 듯 엎드려 있던 들판이 황소의 콧김을 푹푹 뿜으며 깨어나고 강물은 구풀구풀 황금빛 춤을 추며 흘러간다 켜켜이 굳었던 서릿발 풀려 상봉의 눈물이 산천에 보석처럼 빛나고 소복을 적시던 안개의 입자들도 해원의 춤을 추며 승천한다

 뜨거움을 감추고 밤마다 이슬에 젖어 보내고 맞이하는 계절들, 오늘도 주파수는 하늘에 맞추고 레이더는 태양을 좇으며 흔들림 없이 서 있을 것이다 지축이 회전하는 소리에 귀를 기울인 채 폭풍우 속에 고이 숨겨 두었던 동방의 빛이 여의주처럼 붉게 솟아오르는 개벽의 시대를 예감하며……

---

* 물 먹은 별: 시인 정지용이 어린 나이에 죽은 아들을 생각하며 쓴 시 「유리창」에 나오는 어휘.

| 해설 |

연대의 그물로 길어 올린 빛의 기록

이병국(시인·문학평론가)

연대를 위한 전선

주디스 버틀러는 저서 『지금은 대체 어떤 세계인가』에서 '무엇이 삶을 살 만하도록 만드는가'라고 묻고 그에 대한 나름의 대답을 찾아 이렇게 이야기한다. "무엇이 삶을 살 만하도록 만드는가라는 물음은 우리가 살고 있는 삶이 결코 배타적으로 우리만의 것이 아니며, 단지 나만을 위한 것이 아니라 여러 삶들, 즉 보다 일반적인 삶의 과정들을 위해 살 만한 삶을 만드는 조건들이 보장되어야만 한다는 사실을 절절하게 보여준다."[1] 그는 '나의 삶'이라는 표현 속에는 두 가지 의미가 담겨 있다고도 한다. 하나는 단수이자 대체

...
1. 주디스 버틀러, 『지금은 대체 어떤 세계인가』, 김응산 옮김, 창비, 2023, 74쪽.

할 수 없는 삶이고 다른 하나는 다른 인간과 동물의 생명을 비롯한 다양한 생명 체계 및 네트워크와 공유하고 있는 삶이다. '나'라는 존재는 '나'라는 단수로 독립적인 개체의 층위를 형성하며 살아갈 수 있지만, 한편으로 '나의 삶'이 시작되기 이전부터 존재하는 삶들과의 관계 속에서만 비로소 의미를 지닌 채 살아갈 수밖에 없다. '나'는, '나의 삶'은 그렇게 '나'보다 앞선 타자들과의 상호작용, 즉 관계 맺음을 통한 동행 없이는 존재할 수 없다. 이는 신자유주의적 자본주의 체제의 폭력적 억압과 그로 인해 발생한 팬데믹 등 사회적 재난에 대항하여 투쟁하는 집단적인 결기를 요구하는 이 세계에서 함께 복잡하게 얽혀 있는 존재로서 이해하는 기회를, 비극적인 것에 대한 궁극적인 감각을 갖게 한다.[2]

지창영 시인의 시집 『송전탑 이슬』을 읽고 있으면 주디스 버틀러의 목소리가 들리는 듯도 하다. 당연하게도 그에 정합한 진술을 할 수는 없겠지만 그럼에도 개별적 존재의 자기 본위적 삶과 교직하여 관계의 층위를 구축하려는 시인의 의도를 엿볼 수 있다. 이를 가장 선명하게 보여주는 시가 표제작이자 시집을 닫는 시인 「송전탑 이슬」이다. 지창영 시인은 시적 대상인 '송전탑'을 "산마루에 우뚝 선 거구의 사내"로 비유하며 "독립군 파수병의 강철 의지로

• • •
2. 같은 책, 75~77쪽 참조.

동포의 가슴에 불을 밝"히는, 마치 "프로메테우스"와 같이 "인간 세상에 불을 전하고 비바람의 형벌에 시달리는" 존재로 맥락화한다.

주지하다시피 송전탑은 도심에서 멀리 떨어진 발전소에서 생성된 전력을 높은 전압으로 변환하여 전달하는 데 쓰인다. 송전탑은 수도권을 중심으로 한 대도시와 전력을 생산하는 지역의 에너지 불평등 및 자본주의적 경제 체제의 전력 사용 불균형을 가시화한다. 이는 국가와 기업의 지역 착취를 드러내기 때문에 송전탑 건설 반대 투쟁이 전국 곳곳에서 벌어지기도 했다. 한편 송전탑은 그 형태적 특성으로 말미암아 고공 농성장으로 쓰이기도 한다.「송전탑 농성」에서 형상화되었다시피 "해고자 복직 / 노동 인권 보장" 등 "혈서 같은 현수막의 긴급 신호"를 타전하는 데 송전탑이 유의미한 장소로 기능하기 때문이다. 밀양 송전탑 건설 반대 투쟁과 현대차 비정규직 고공 농성이 각각의 대표적 사례로 볼 수 있다.

이처럼 중층적 갈등의 양태를 지닌 송전탑에 대한 지창영 시인의 인식은 역설적이다. 어쩌면 그것은 "수십만 볼트의 폭발력을 품고도 냉정의 이슬을 덮고 먼 하늘을 바라보며 능선에서 능선으로 불의 암호를 주고받는" 송전탑의 기능적 층위에서 비롯된 것인지도 모를 일이다. 자본주의 경제 체제를 뒷받침하는 착취의 메커니즘에 속해 있으면서도

"꺼지지 않는 도시의 불빛"을 가능케 하여 "신생아실 인큐베이터의 온기"로 전환될 수 있는 미래에의 희망을 담지하고 있으니 말이다.

> 세상이 잠들었을 때도 무릎 꿇지 않은 자세로 어둠을 버텨내고 골짜기에 바람 거세도 줄줄이 연대의 전선을 감아쥐고 팽팽히 견딘다 십자가를 지고 골고다 언덕을 오른 사나이가 팔 벌려 외치던 소리 없는 절규가 어둠을 가른다 매몰찬 바람의 채찍을 맞으며 고독한 밤을 홀로 지새울 때 밀려오는 고뇌는 산처럼 무거워도 한순간도 주저앉을 수 없다 빗방울들은 총탄처럼 허연 뼈 사이를 제멋대로 후비며 지나가고 때로는 폭설에 주리 틀린 소나무의 비명이 적막을 찢는다
> ―「송전탑 이슬」 부분

그런 이유로 시인은 송전탑의 미래 가능성, 즉 삶을 살 만하도록 하는 역할에 주목한다. 이를 가능케 하는 것은 "세상이 잠들었을 때도 무릎 꿇지 않은 자세로 어둠을 버텨내"는 초인적 혹은 선구자적 존재의 개체화된 모습은 아닐 것이다. 지창영 시인이 응시하는 송전탑의 주된 양태는 "바람 거세도 줄줄이 연대의 전선을 감아쥐고 팽팽히 견"디는 데 있다. 그것은 마치 "십자가를 지고 골고다 언덕을 오른 사나이"처럼 하나의 숭고한 모습으로 우리 앞에 현현

하지만 "고독한 밤을 홀로 지새"우며 "산처럼 무거"운 고뇌로 인해 주저앉지 않는 존재이자 "연대의 전선" 너머에 자리한 수많은 '민초'들의 역능으로 보는 것이 옳다. 이탈리아의 사회학자인 마우리치오 랏자라또가 이야기하듯 연대는 그것의 대항-존재être-contre(맞서 싸우는 것에 대한 대립의 강도와 형태, 통치받지 않겠다는 의지) 안에서만큼이나 그것의 함께-존재être-ensemble(투쟁하는 사람들 사이의 관계 강도와 형태, 스스로를 통치하겠다는 욕망) 안에서도 마찬가지로 권력 장치들을 비롯해 미셸 푸코가 '대항품행contre-conduite'이라고 부르는 것을 가로질러서 펼쳐진다.3 이때 '대항품행'이란 어떤 통치성의 인도에 따라 행위하는 대신, 그러한 통치성이 원하는 것과 다른 식으로 행위하는 것을 가리킨다. 이는 타자로 자리매김된 피통치자가 신자유주의적 자본주의 체제가 강제하는 실정법적 권리에 저항하여 국제적 시민성의 이름으로 자신의 권리를 요구하는 주체로 전면에 나서는 일이자 권력관계를 연대의 층위에서 다른 방식으로 사유하는 일이다.4 이를 위해 필요한 축이 시인에게는 '송전탑'인 것이다. 송전탑은 "주리 틀린 소나무" 고통 곁에서 "이슬에 젖은 파수병"이 되어 "태양을 가장 먼저

...
3. 마우리치오 랏자라또, 『정치 실험』, 주형일 옮김, 갈무리, 2018, 167~168쪽.
4. 진태원, 「푸코와 민주주의: 바깥의 정치, 신자유주의, 대항품행」, 『철학논집』 29권, 서강대학교 철학연구소, 2012, 178~181쪽 참조.

맞이하고 어둠을 털어"내는 존재이자 이를 통해 "우주의 세포"를 깨워 "개벽의 시대를 예감"케 하는 존재이다. 이처럼 지창영 시인에게 송전탑이란 오늘날의 불합리한 통치 시스템에 대항하는 존재이면서 연대를 위한 전선을 도모하는 '함께'의 존재가 되어 지금과는 다른 세계를 꿈꿀 가능성의 층위로 자리매김한다.

징검돌을 건너 관계의 층위로

앞에서 길게 언급한 송전탑의 정치적 가능성은 어느 순간 갑자기 시인의 심연에 자리를 잡은 것이 아니다. 시집 『송전탑 이슬』은 그 과정을 향한 시인의 오랜 노정을 여실히 보여준다. 그 일단을 살펴보자.

지창영 시인은 시집을 여는 시 「모래시계」에서 시적 대상인 '모래시계'를 응시하며 "시간의 알갱이들이 공간을 가"르는 순간을 목도한다. "소리 없이 흘러내리는 모래알"은 시인에게 "압축된 우주가 블랙홀을 왕복"하는 것처럼 감각된다. 이 감각은 시인의 시계視界를 확장하여 "바람도 없는 사막"으로 화자를 데려다 놓는다. "심해의 양수가 증발한 사막에는" 구체적 형상을 지닌 그 무엇도 존재하지 않는다. 그곳에는 "오랜 잠결에 조각난 기억들만 유영"할 따름이다. 저 황폐함 속에서 화자는 "바람의 씨앗"이 지닌 어떤 가능성을 인지하지만, 그것이 뚜렷한 형상으로 다가오진 않는다. 그곳에서 벗어나기 위해 화자는 어찌해야 하는지 알 수 없다. 다만 "풍화하는 나의 분골"을 의식할 뿐이다. 그러나 "삶은 죽은 내 기억 속에 존재하는 찰나"(「매미의 허공」)임을 알기에 "초점을 잃고 날개를 접"(「해바라기」)을 이유는 없다. 사막화된 현재는 언제든 아침 햇살에 물러날 어둠이라서 조금 견디면 극복할 수 있는 것에 불과하기 때문이다. 다만 "땅에서 한순간도 발을 뗄 수 없는" 현실을 벗어날 수 없는 '나'는 "별빛과 불빛"을 구별하지 못한 채 그저 멀리 있는 그 무엇에 대한 막연한 동경에 침잠할 위험이 농후하기에 "망막을 모래알처럼 긁어 대는" 부정적 정동에서 벗어날 필요가 있다(「을왕리, 밤 아홉 시」).

    징검돌을 건너뛸 때
    시냇물이 순간 포착한
    거꾸로 선 사내의 공중 부양

    물 깊은 하늘에 느낌표를 찍는 머리
    두 다리가 만드는 경쾌한 Y는, Yes

    두 팔을 펼쳐 보아도 도무지 Yes가 되지 않던 시절
    폭포에 머리를 부딪쳐 보기도 했지
    세상을 뒤집고 싶었던 것 같아

돌 하나 건널 때마다 커지던 몸을
한동안 따라잡지 못할 때
꿈인 듯 아닌 듯 불면증은 커져만 갔지

팔매질한 돌들은 밤이 되면 별들로 가라앉아 있었어
돌다리를 건널 때면 그들과 거리를 두었지
중심을 잡아야 한다는 핑계로

그림자가 각인시켜 주었네
물밑에선 결심이 확고하다고
세상을 한바탕 뒤집을 것이라고

그날이 오기를,
부지런히 머리에 발을 이고 가라고
  －「징검돌을 건너며」 전문

　앙리 카르티에 브레송의 사진 한 장이 떠오른다. 생 라자르 역 뒤에서 물웅덩이 위를 날 듯이 바삐 뛰어가던 남자를 찍은 그 사진은 물웅덩이에 비친 "거꾸로 선 사내의 공중 부양"으로 인해 결정적 순간이 되었다. 인용한 시가 이를 차용하고 있는 것은 아니지만 징검돌을 건너는 순간을 응시하고 이를 시적 경이로 포착하여 삶의 의미를 형상화하는 데에서 유사점을 찾을 수 있다. 지창영 시인은 징검돌을 건너는 도약의 순간을 "물 깊은 하늘에 느낌표를 찍는" 모양으로 경쾌하게 잡아낸다. 특히 뛰는 순간 벌어진 두 다리를 "Yes"의 "Y"로 표현한 것이 흥미롭다. 시인은 이를 다시 뒤집어 "두 팔을 펼쳐 보아도 도무지 Yes가 되지 않던 시절"의 고달픔과 대비하여 정상성을 전복한다. 구체적 상황으로 제시되지는 않지만, 부정의한 "세상을 뒤집고 싶"어 두 팔로 저항했던 시절에는 그 무엇도 'Yes'의 긍정을 구하지 못했던 것으로 추측된다. 저 강고한 세력인 "폭포에 머리를 부딪쳐 보기도 했"지만 아무것도 얻지 못해 오히려 저항에의 의지로 단계를 건너듯 "돌 하나 건널 때마다 커지던 몸"조차 감당하기 버겁기만 했다고 느낀다.

세상을 향해 "팔매질한 돌들은 밤이 되면 별들로 가라앉아" 무게를 가중할 뿐이라서 "돌다리를 건널 때면 그들과 거리를 두"어야만 했다. 이는 실패의 경험과 좌절에의 두려움에서 비롯된 것일 테다. 이를 눙치기 위해 "중심을 잡아야 한다는 핑계"를 어설프게 제시했던 것인지도 모른다. 이러한 부정적 정동으로부터 벗어날 계기를 마련한 것이 "시냇물이 순간 포착한 / 거꾸로 선 사내의 공중 부양"을 응시한 '결정적 순간'이다. 물에 비친 "그림자가 각인시켜"준 것, 그것은 "물밑에선 결심이 확고하다고 / 세상을 한바탕 뒤집을 것이라고" 하는 자각이다. 이는 "잠자던 일기장"에서 발견한 '오래된 단풍잎'의 "부서질 듯 마른 손바닥"이 "아무렇지도 않게 악수를 건넬 때" "탈색된 것은 나였"음을 깨닫는(「오래된 단풍잎」) 부끄러움을 전유하여 이전과는 다른 '나'의 위치를 가늠하게 한다. 그리하여 정상성의 층위에서 생활을 영위하면서 한없이 위축된 자신의 "꺼진 회로에 몰려든 과부화"로 작용하며 "통증을 동반"하는 "접속"을 수행케 한다(「통증 접속」). 시인은 "부지런히 머리에 발을 이고", 그 전복의 상상력으로 징검돌을 건너 앞으로 나아가고자 한다.

> 아홉 가닥 거미줄이 쵀면을 건다
> 좌표를 찾아 이리저리 구르는 동안
> 안구는 건조해지고 핏발이 선다
> 거미줄을 사이에 두고 너와 나는 서로 표적이 된다
> 빨리 쫓고 빨리 숨고 빨리 쏘아야 살아남는다
> 심장을 찔린 여자는 고개를 떨군 채 흔들리며 순환선을 맴돌고
> 날개가 꺾인 남자는 얼굴을 덮은 채 계단 밑에서 코를 곤다
> 번쩍이는 광고판에는 탐스런 먹이들이 전시되고
> 팔과 다리를 거미줄에 걸어 두고 잠을 청하는 사람들은

거미가 되어 나비를 후리다가 화들짝 놀라 깨어나곤 한다
아침마다 날개를 펼쳐 수천 리를 날아도
저녁이면 다시 붙들려 와 제자리에서 버둥거리는 사람들
거미줄을 따라 먹잇감을 쫓다가
거미줄에 걸려 먹잇감이 된다
얼마나 많은 피를 수혈하면 쇠 그물에 온기가 돌아올까
널브러져 있는 뼈와 뼈가 다시 만나 살이 붙고 피가 돌고
마침내 이슬방울들을 보석처럼 매달고
빛나는 아침의 해를 불러올 수 있을까

-「거미의 도시」 전문

전복의 상상력은 일상적 공간을 다르게 감각하게 이끈다. 시인은 지하철이라는 공간을 "아홉 가닥 거미줄"로 형상화한다. 그곳은 도시를 유기적으로 연결하는 망으로 기능한다. 주지하다시피 도시는 역사의 어떤 시기에 사회적인 활동에 의해 점유되어, 거기에 맞게 조정되고 만들어진 공간이다.[5] 하지만 우리는 도시를 존재의 장소로 여기기보다는 생활을 위한 물리적 세계로 인식한다. 그런 이유로 우리는 거미줄처럼 얽혀 있는 지하철 역사에서 "좌표를 찾아 이리저리 구르"며 건조해진 안구의 핏발을 어쩌지

...
5. 앙리 르페브르, 『공간의 생산』, 양영란 옮김, 에코리브르, 2011, 134쪽.

못한 채 "서로 표적이" 되어 신자유주의적 자본주의가 강요하는 경쟁 체제에서 성과 주체로 자리매김하기 위해 "빨리 쫓고 빨리 숨고 빨리 쏘아야 살아남는다"며 아등바등한다. 그렇게 "심장을 찔"리고 "날개가 꺾인" 채로 "순환선을 맴돌"거나 "계단 밑에서 코를" 골며 타자화된다.

지하철은 의미를 지니지 못한 비장소로 기능한다. 마르크 오제는 비장소의 공간이 독자적 정체성도 관계도 아닌, 고독과 유사성을 창조한다고 전제한다.6 "번쩍이는 광고판"에 전시되는 "탐스런 먹이"처럼 비장소를 스쳐 지나가는 우리는 타자와 관계를 맺지 못하고 고독한 계약성contractualité solitaire의 존재로 남는다. 우리가 꿈꾸는 도시적 삶이란 그저 자본주의적 삶에 불과하기에 강제된 것을 어쩌지 못한 채 "거미줄을 따라 먹잇감을 쫓다가 / 거미줄에 걸려 먹잇감이" 되고 마는 것이다.

이러한 절망적 상황에서 시인은 묻는다. "얼마나 많은 피를 수혈하면 쇠 그물에 온기가 돌아올까", 어떻게 하면 "빛나는 아침의 해를 불러올 수 있을까". 삶에 온기를 불러올, 그리하여 빛나는 아침의 해로 작용할 것이라 시인이 상상하는 '피'는 "부끄러워할 이유" 없이 드나들며 마음껏 향유하는 "홀로 눈부신 / 자본주의 캠프"의 '무인 점포'와

---

6. 마르크 오제, 『비장소』, 이상길·이윤영 옮김, 아카넷, 2017, 125쪽.

대비되는 "구멍가게 누이"의 눈웃음으로 답할 수 있을지도 모르겠다(「무인 점포」). 그 눈웃음에는 타자를 향한 관심과 애정의 안부가 있다. 또한 스쳐 지나가는 일회적 관계가 아닌 지속과 영속을 가능케 하는 관계의 심연이 깃들어 있다. 하지만 이는 지금의 우리가 상실한 순수한 시간인지도 모른다. 그럼에도 그러한 순수를 상상한다는 것에는 현재의 순간을 과거 혹은 미래로 정향시킴으로써 어떤 결여를 포착하여 이를 채우고자 하는 간절함이 깃들어 있다. 비록 낭만화된 지점이 없진 않지만, 어찌 보면 자본주의화된 세계에서 강제된 물리적 편의와 욕망의 낙차를 극복하는 일은 그러한 인간적인 관계 맺음을 통해 정신적 가치를 회복하기 위해 노력해야 하는 일인지도 모른다. 그리한다면 "내가 손쉽게 타인이었던 / 타인이 함부로 나였던 / 각본의 시대"에서 벗어나 "도시가 어두울수록 빛나는 / 네트워크의 눈동자들"로 연결되어 "새롭게 만날" 가능성을 여는 것도 불가능한 일은 아닐 것이다(「촛불을 밝히며」).

믿음의 서書

여전히 한국 사회는 기존의 세계가 강요하는 이념적 틀을 어찌지 못하고 있다. 특히 한국전쟁 이후 분단된 상황은 이를 더욱 공고한 형태로 고착화한다. 인천 자유공원에 놓인 맥아더 동상이나 DMZ를 경계로 데칼코마니처럼 군사적 경쟁을 심화하고 있는 현실은 역사의 도도한 흐름을 역행하며 기왕의 부조리를 강화한다. 물론 지창영 시인이 응시하고 있는 바와 같이 그 가운데에서도 "홀로 빛나는 토종 민들레 / 그 환한 얼굴"이 있어 "땅속 깊이 내린 뿌리의 힘으로"(「자유공원의 꽃」) "전쟁의 상처가 배어 있는 황토"(「피아골에서」)를 걷어내고 "경계를 넘어 펼쳐지는 무지개"(「DMZ 데칼코마니」)를 만들어 "끝내 승리할 역사를"(「다시 만년필을 뽑으며」) 이루어낼 것은 분명하다. 그러나 그러한 변화의 양태는 이데올로기적 전회나 거대 담론의 전복으로 이루어지는 것은 아닐 것이다. 오히려 "오솔길 따라 줄줄이 각자의 외투 속" 숨어 있는 "새날을 그리는 액정 화면"의 연결과 "광케이블을 타고 뒷골목까지 번져가는 불씨"의 연대(「봉화산 해맞이」)로 나타나리라 지창영 시인은 예감한다.

> 항쟁의 불씨를 일으키던 곳
> 마침내 촛불들이 파도치던 곳
> 그 불씨를 간직하고 지새는
> 파수꾼의 자리
> (……)
> 구호를 힘차게 외치던 광장의 기억을
> 전사의 소총처럼 살포시 내려놓고

페이스북에서, 유튜브에서
따뜻이 속정을 나누며
원격으로 교환하는 눈빛들
연대의 그물로 새벽을 몰아오는 시간
반도의 공기가 훈훈해진다
이 밤에도 광화문에는 동지가 있기에
빛나는 별이 거기 있기에

-「광화문의 별」 부분

아직 살아 있는가
소리 없이 맞잡은 연대의 전선에
어느덧 이슬이 방울방울 맺히고
떨어질 듯 아침은 빛나는데
(……)

동지여 우리 함께 살아 있는가
막걸리 한 사발 들이키자던 그날처럼
흰 이를 드러내며 껄껄 웃고 있는가
하늘에 좌표를 정한 북극성이
적토마를 몰아 새벽을 불러오는데……

-「송전탑 안부」 부분

"연대의 그물"과 "연대의 전선". 이는 지창영 시인이 꿈꾸는 우리 삶의 양태이다. 광화문 광장을 채웠던 "항쟁의 불씨"는 "촛불"을 거쳐 '응원봉'으로 확장되어 "광장에서 거리에서 / 파랗게 빨갛게 빛을 뿌리며 / 허공을 또렷하게 움켜"(「2025년 오월」)쥐었다. 대항품행을 수행하는 대항–존재의 빛은 "페이스북, 유튜브" 등의 네트워크를 통해 "따뜻이 속정을 나누며" "동지여 우리 함께 살아 있는가" 안부를 묻는다. 연대의 전선에서 "소리 없이 맞잡은" 마음으로 연대의 그물을 짜 "새벽을 몰아"와 "이슬이 방울방울 맺히"는 아침을 함께 맞이하는 이들의 투쟁은 이처럼 서로의 안부를 묻는 마음에서 비롯하는 것이리라. 그렇기에 "하늘에 좌표를 정한 북극성"을 범접할 수 없는 숭고한 가치를 지닌 무엇으로만 여길 수는 없다. 오히려 그것은 광화문에서 함께 목소리를 더한, "빛나는 별"의 형상으로 우리와 함께 "거기 있"는 마음으로 보는 것이 옳다.

주지하다시피 저 '빛나는 별'이 창발한 연대의 그물은 개별 주체의 자발적 수행에서 비롯한다. 이는 신자유주의적 자본주의 체제와 폭압적 국가 권력의 강제로부터 자신의 실재를 재구축하는 행위이자 자신이 놓일 장소인 사회 자체를 변화시키는 일이다. 이졸데 카림의 표현을 빌리자면, 이는 이미 존재하는 사회에 흔적 없이 편입된다는 환상, 곧 동화에 저항하는 일로 사회적 기준을 채우는 것이 아니라, 기준 자체를 바꾸려는 능동적 추구로서의 참여인 셈이다.7 그리하여 우리는 개별적 성취만을 강요하며 고립된 형태로 존재하는 신자유주의적 주체에서 벗어나 수많은 정체성들이 만드는 다원화된 주체로 자리매김할 수 있게 된다.

지창영 시인의 시적 지향이 추구하는 장소는 연대의 그물을 펼쳐 서로의 안부를 물으며 투쟁과 저항을 수행하는 능동적 참여의 장을 형성하여 그로부터 가능한 빛나는 새날에 가닿는다. 그리고 이는 고립된 개인들의 존재론을 넘어 상호의존으로 나아가는 윤리적이고도 정치적인 행위라고 볼 수 있다. 시인은 그것이 우리의 삶이 결코 배타적인 나만의 것이 아닌, 보다 일반적인 삶의 과정들을 위해 삶을 살 만한 것으로 만드는 필요조건임을 분명히 한다.

허튼 꿈은 꾸지 않는다.

황금을 숨기고도 뽐내지 않고
옥새를 품고도 자만하지 않았다

언제라도 몸 접고

---

7. 이졸데 카림, 『나와 타자들』, 이승희 옮김, 민음사, 2019, 162쪽.

장롱 한편에 근신할 수 있는
무욕無慾의 나래

인연의 매듭 풀고 나면
제 갈 길 따라 떠나고
빈손으로 남은들 어떠랴

고구마 한 보따리의 정과
옛 선비의 묵향 되새기며
난초 한 포기 벗하면 그만인 것을

―「보자기」 전문

 "허튼 꿈은 꾸지 않는다"는 명징한 진술로 시작하는 이 시는 "무욕의 나래"를 펼쳐 더 넓은 세상을 위해 수행해야 할 시인의 역할이 무엇인지를 역설한다. "황금을 숨기고도 뽐내지 않고 / 옥새를 품고도 자만하지 않"으며 "언제라도 몸 접고 / 장롱 한편에 근신할 수 있는" '보자기'의 무욕은 숭고함이 되어 그 모든 부조리를 파쇄하는 계기를 마련하게 한다. 그것은 "날이 밝도록 황량한 불임의 땅"에 놓인 "백지의 꿈"을 허황한 수사로 채우지 않도록 스스로를 성찰하게 하여 "대지의 페이지에 스며드는 / 빛의 서사시를 받아"쓰도록 이끈다(「하얀 밤」). 또한 "언제나 땅을 딛고서 / 구슬 같은 눈 속에 푸른 지구를 새"겨 "순한 미소로 새 세상을 응시"케 한다(「기린」). "진리는 활자의 제재를 벗어"날 때 비로소 그 모습을 온전히 보여줄 수 있다는 듯이, 시인은 "문을 박차고 나와 / 낯선 세상을 둘러보라"고 제안한다(「초록 점령군」). 그리하여 사적 욕망에 자신을 내어주지 말고 불의와 부정 앞에 "가만히 있는 것은 곧 죽음이라는 것"(「별들의 노래」)을 깨닫고 무욕의 숭고로 한 걸음 한 걸음 앞으로 나아가길 바란다. "풍화하는 나의 분골"이 지금보다 더 나은 미래의 "시계 속 입자로 흘러내"리도록(「모래시계」) 하는 것은 그러한 행위로부터 비롯되는 것이라는 듯 말이다.

지창영 시인이 형상화한 파수꾼으로서의 송전탑과 무욕의 숭고로서의 보자기는 모두 '연대의 전선', '연대의 그물'의 다른 모습이자 "개벽의 시대"(「송전탑 이슬」)를 이끌 우리의 표상인지도 모르겠다. 그러나 우리가 아는 분명한 것은 서로의 안부를 묻고 빛을 나누는 일로부터 새로운 아침을 맞을 수 있다는 것이다. 지창영 시인의 『송전탑 이슬』은 그 희망의 곁에서 "빛의 서사시"(「하얀 밤」)의 과정을 받아 쓴 기록이자 그로부터 열릴 새날에 대한 믿음의 서書다.

ⓒ 지창영, 2025

송전탑 이슬

초판 1쇄 발행 2025년 9월 23일

지은이 지창영
펴낸이 조기조

펴낸곳 도서출판 b
등 록 2003년 2월 24일 (제2023-000100호)
주 소 08502 서울시 금천구 가산디지털2로 169-23 1501-2호
전 화 02-6293-7070(대) 팩시밀리 02-6293-8080
누리집 b-book.co.kr 전자우편 bbooks@naver.com

ISBN 979-11-92986-48-7 03810
값   12,000원

* 이 책은 한국장애인문화예술원의 후원을 받아 2025년 장애예술 활성화 지원사업의 일환으로 발간되었습니다.
* 이 책 내용의 일부 또는 전부를 재사용하려면 저작권자와 도서출판 b 양측의 동의를 얻어야 합니다.
* 잘못된 책은 구입한 곳에서 교환해 드립니다.